내 인생의 부조종사에게.
그리고 우리의 사랑하는 세 명의 꼬마 라이더에게.
- 조셉 머레이

이 책은 장클로드 아밀라의 기술 자문과 조슬랭 리외의
교정 도움을 받아 밀랑출판사에서 제작하였습니다.

오! 자전거 & 오토바이

초판 1쇄 발행 2023년 3월 22일 | 지은이 조셉 머레이 | 옮긴이 양진희 | 감수 양현용 | 책임편집 박은덕 | 편집 조은숙 | 디자인 이지영 | 펴낸이 권종택 | 펴낸곳 (주)보림출판사 | 출판등록 제406-2003-049호 | 주소 10881 경기도 파주시 광인사길 88 | 전화 031-955-3456 | 팩스 031-955-3500 | 홈페이지 www.borimpress.com | 인스타그램 @borimbook | ISBN 978-89-433-1400-2 77550 | 978-89-433-0217-7(세트) | Motos, vélos & co ⓒ 2019, Éditions Milan, France | Korean translation ⓒ 2023 Borim Press | Korean edition is published by Borim Press with arrangement through Pauline Kim Agency, Seoul, Korea | 본 저작물의 한국어 판권은 Pauline Kim Agency를 통해 Éditions Milan사와 독점 계약 한 (주)보림출판사에 있습니다. 한국 내에서 저작권법에 따라 보호를 받는 책이므로 무단 전재 및 무단 복제를 금합니다. ⚠주의 : 책 모서리가 날카로우니 던지거나 떨어뜨리지 마세요.(사용연령 3세 이상)

*알아두기 : 오토바이의 옳은 표기는 모터바이크, 모터바이시클, 모터사이클입니다. 그러나 오토바이가 일상적으로 통용되고 있으며, 국립국어원 표준국어대사전에 표준어로 등재되어 있습니다. 그러므로 책의 제목에는 오토바이로 표기하였으며, 책의 내용에서는 경우에 따라 적절하게 표기하였습니다.

오! 자전거
& 오토바이

조셉 머레이 지음
양진희 옮김
양현용 감수

하이

차례

- 자전거의 변천사 — 8
- 페니 파딩 — 10
- 도시형 자전거 — 12
- 도로용 자전거 — 14
- 기록! — 16
- 경주 및 트랙용 자전거 — 18
- 다양한 아웃도어용 자전거 — 20
- 벨로솔렉스 S3800 — 22
- 특이한 자전거 — 24
- 현재의 최신형 자전거와 미래의 자전거 — 26
- 베스파 일렉트리카 — 28
- 스쿠터 — 30
- 소형 모터바이크와 경량 모터바이크 — 31
- 상업용 이륜차와 삼륜차 — 32

도로용 모터바이크
42

경주용 모터바이크
44

찾아보기
60

혼다 CB750 포
40

두카티 996
46

미래의 오토바이
59

군용 및 경찰용 모터바이크
38

듀얼퍼퍼스 바이크
(어드벤처 바이크)
48

특이한 오토바이
58

모터바이크의 변천사
36

할리데이비슨 울트라 리미티드
56

빈센트 블랙 섀도
34

오프로드 트랙 경기용 모터바이크
52

야마하 XT 500
50

트라이얼 바이크
54

자전거의 변천사

🇩🇪 **보행 자전거 라우프머신, 1817년**
Draisienne Laufmaschine

독일의 폰 드라이스 남작은 이 요상한 기계를 타고 한 시간 동안 14.4킬로미터를 돌아다녔어요. 발이 땅에 닿을 만큼 낮은 좌석에 말을 타듯 앉아, 배를 지지대에 댄 채, 좌우로 발을 튕기듯 달렸습니다. 다만 이 기계의 무게가 23킬로그램이라는 것이 문제였지요.

🇬🇧 **커크패트릭 맥밀란의 페달 자전거, 1839년**
Draislenne Kirkpatrick MacMillan

발로 지면을 밀며 달리는 것은 피곤하지요! 커크패트릭 맥밀란이라는 영국(스코틀랜드)의 대장장이가 자전거가 나아갈 수 있도록 처음으로 자전거에 페달을 부착했어요. 뒷바퀴에 연결된 페달을 앞뒤로 움직여서 달릴 수 있었어요. 출발은 여전히 땅을 발로 밀어야 했지만요.

🇫🇷 **피에르와 에르네스트 미쇼의 벨로시페드, 1860년**
Vélocipède Pierre et Ernest Michaux

말 만큼 빠른 자전거예요! 수레바퀴를 만들던 철물공이자 발명가인 미쇼 부자가 처음으로 앞바퀴의 중앙에 크랭크를 장착하고 앞바퀴의 지름을 두 배로 늘려서 발로 구르는 것보다 더 빠르게 달릴 수 있었지요. 핸들에서 뒷바퀴에 연결된 로프로 브레이크도 작동시킬 수 있어요.

🇬🇧 **해리 존 로손의 비시클레트, 1879년**
Bicyclette Harry John Lawson

1879년, 해리 존 로손이 페달을 앞뒤 바퀴 사이, 시트 아래쪽 지면에 가깝게 옮기고 체인으로 페달을 뒷바퀴에 연결해 현대적인 자전거 구조의 기초를 마련했어요.

🇬🇧 **로버 세이프티, 1887년**
Rover Safety

너무 위험해서 운동 신경이 발달한 사람들만이 탈 수 있었던 페니 파딩은 가고, 안전한 자전거가 나왔어요! 존 켐프 스탠리가 앞바퀴의 크기를 줄여 이륜차를 좀 더 안정적으로 만들면서, 뒷바퀴에 체인으로 연결된 페달을 두 바퀴 사이에 설치하고, 모든 장치를 마름모꼴 프레임으로 연결했어요. 드디어 현대적인 자전거가 탄생했지요. 남녀노소 누구나 탈 수 있는 이 자전거는 대중적으로 크게 성공했어요.

페니 파딩

🇬🇧 빌레 & 스트로 르 파실, 1878년
Beale & Straw Le Facile

페니 파딩은 앞바퀴의 지름이 최대 150센티미터인 반면, 뒷바퀴는 겨우 40센티미터인 자전거의 한 종류예요. 페달은 앞바퀴의 중앙에 곧바로 연결되어 있어요. 달릴 때 속도는 시속 30킬로미터까지 낼 수 있지만, 떨어지지 않게 조심해야 했어요!

도시형 자전거

모마 바이크 밸런스 바이크 우디 클래식, 2017년
Moma Bikes Draisienne Woody Classic

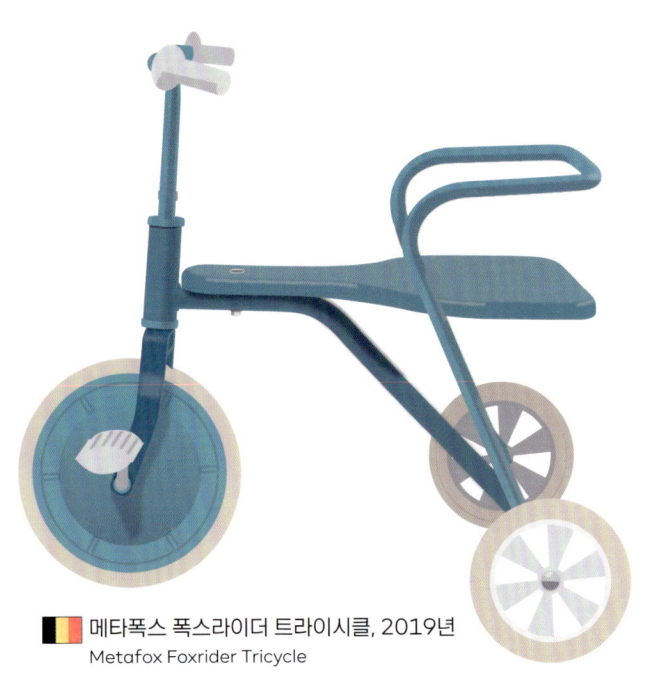

메타폭스 폭스라이더 트라이시클, 2019년
Metafox Foxrider Tricycle

휠러 월드와이드 하프휠러, 2015년
Wheeler Worldwide Half-Wheeler

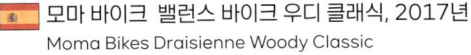

모토베칸, 1979년
Motobécane

브롬톤 접이식 자전거, 2017년
Brompton Vélo pliable

벨리브(공공 대여 자전거), 2018년
Vélib'

🇫🇷 암스테르담 에어 1881 클래식, 2018년
Amsterdam Air 1881 Classic

🇫🇷 데카트론 B 트윈 VTC, 2018년
Decathlon B'Twin VTC

🇬🇧 BLB 픽시 시티 클래식, 2018년
BLB Fixie City Classic

🇫🇷 스타웨이 르벨로 파실 빌, 2018년
Starway Le Vélo facile Ville

🇳🇱 바보 벨로-카고 시티 E, 2010년
Babboe Vélo-cargo City-E

도로용 자전거

🇫🇷 그리폰 자전거, 1920년
Cycles Griffon

🇫🇷 푸조, 1941년
Peugeot

🇺🇸 셸비 히아와타 애로우, 1939년
Shelby Hiawatha Arrow

모터바이크인가요, 자전거인가요? 애로우는 전형적인 아메리칸 스타일이에요. 1930년대에 제작된 이 자전거는 강철로 만들어져 튼튼하고 간결한 디자인이 너무 멋져요. 큼직한 바퀴에 두툼한 타이어, 그리고 타이어를 감싼 흙받기, 고정 기어에 연료 탱크 모양의 장식도 갖추었어요. 비치 크루저로 완벽해요! 오늘날에도 그대로 만들어지고 있어요.

🇫🇷 시클릭 뱀부, 2019년
Cyclik Bambou

자전거의 프레임이 알루미늄인가요, 강철인가요, 아니면 탄소 섬유인가요? 아니요, 대나무로 만들었어요! 철보다 훨씬 강하고, 탄소 섬유만큼 견고하며, 알루미늄만큼 진동을 흡수해요. 지역에서 나오는 재료로 친환경으로 제작하여 일반 자전거를 만드는 것에 비해 탄소 배출량이 90퍼센트나 적답니다.

🇺🇸 일렉트라 비치 크루저, 2019년
Electra Beach Cruiser

🇪🇸 레이볼트 크루저, 2018년
Rayvolt Cruzer

기록!

🇮🇹 2018

1시간에 48.007킬로미터 주파! 2018년 이탈리아의 비토리아 부시가 세운 여성 세계 기록이에요. 비토리아 부시의 자전거는 공기 역학적 특성과 안정성을 극대화하기 위해, 탄소 섬유 디스크 휠을 사용했어요. 크랭크에는 59개, 뒷바퀴에는 15개의 톱니를 사용해 페달을 한 바퀴만 굴려도 뒷바퀴는 3.7바퀴가 돌아가죠. 그리고 무게를 줄이기 위해 브레이크도 없답니다!

경주 및 트랙용 자전거

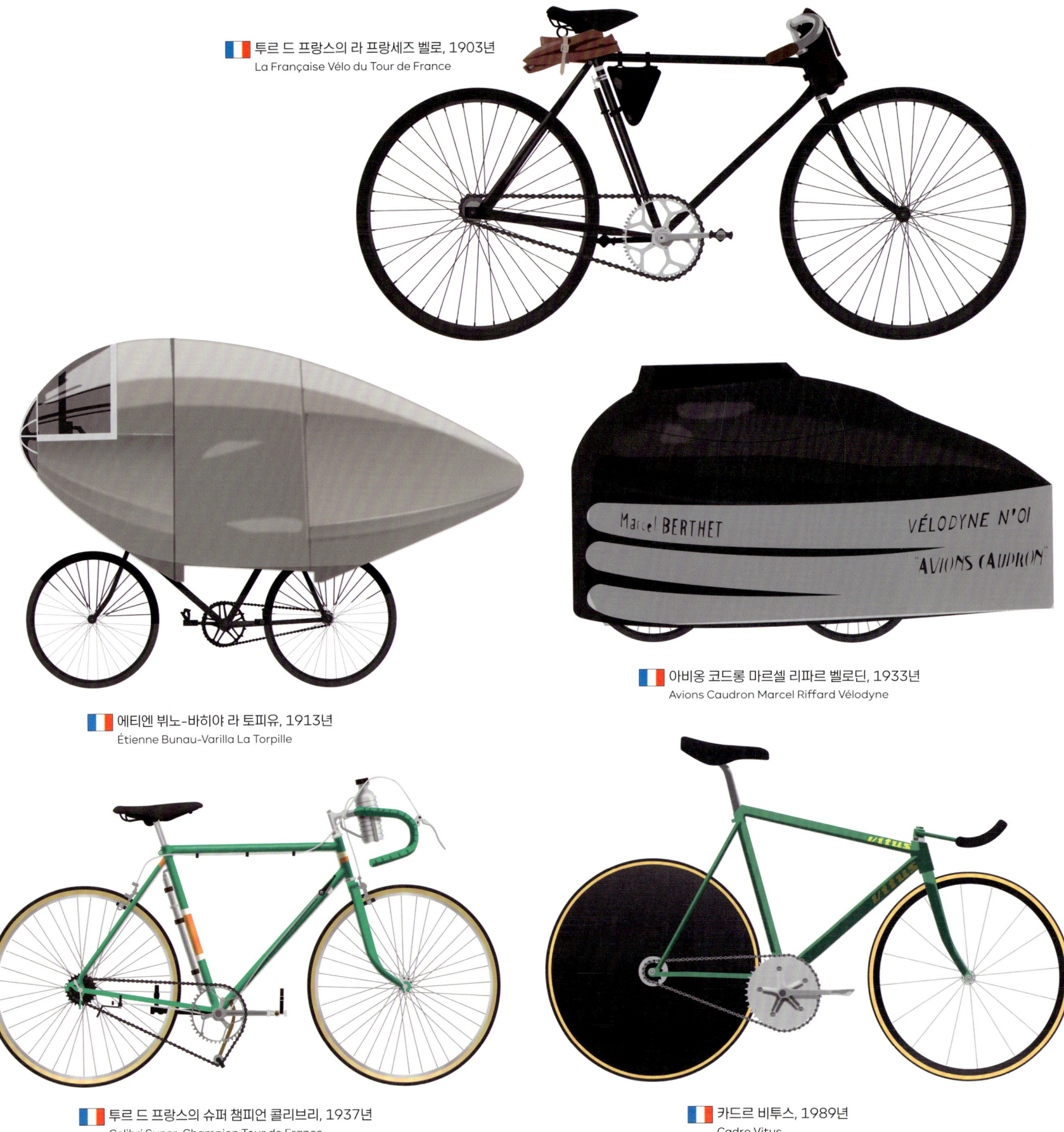

🇫🇷 투르 드 프랑스의 라 프랑세즈 벨로, 1903년
La Française Vélo du Tour de France

🇫🇷 아비옹 코드롱 마르셀 리파르 벨로딘, 1933년
Avions Caudron Marcel Riffard Vélodyne

🇫🇷 에티엔 뷔노-바히야 라 토피유, 1913년
Étienne Bunau-Varilla La Torpille

🇫🇷 투르 드 프랑스의 슈퍼 챔피언 콜리브리, 1937년
Colibri Super-Champion Tour de France

🇫🇷 카드르 비투스, 1989년
Cadre Vitus

쟈니 롱고를 위해 특수 제작되었으며, 1시간 동안 가장 먼 거리를 주행한 세계 기록을 보유하고 있어요.

🇺🇸 **프로젝트 스피드 벨로, 2018년**
Project Speed Vélo

데니스 뮐러 코넥을 위해 특수 제작된 카본 프레임 자전거이며,
시속 296킬로미터로 속도 세계 기록을 보유하고 있답니다.

🇨🇳 **코스텔로 에어로머신 모노코크, 2018년**
Costelo Aeromachine monocoque

🇨🇿 **듀라텍 탠덤 패럴림픽, 2012년**
Duratec Tandem paralympique

🇫🇷 **에릭 바론의 MTB, 2017년**
MTB d'Éric Barone

모든 지형에서 달릴 수 있으며, 시속 227킬로미터로
스키슬로프 다운힐 세계 기록을
보유하고 있지요.

19

다양한 아웃도어용 자전거

🇺🇸 **산타크루즈 다운힐, 2016년**
Santa Cruz Downhill

즐거움, 속도, 모험을 모두 누려요. 수명이 보장된 프레임과 바퀴가 강화된 산타크루즈는 챔피언의 브랜드가 되었어요.

🇺🇸 **슈윈 크루저, 1940년**
Schwinn Cruiser

강성이 보강된 프레임에 두툼한 타이어와, 넓고 높아 안정적인 자세를 만들어 주는 핸들 바를 더해 탄생한 슈윈 자전거예요! 모든 지형에서 달릴 수 있는 MTB의 조상이지요.

🇺🇸 **슈윈 스팅 레이 크레이트, 1968년**
Schwinn Sting Ray Krate

스프링거 프런트 포크에 충격 흡수 장치가 더해진 바나나 형태의 안장으로 울퉁불퉁한 노면을 편안하게 달릴 수 있어요. 드럼 브레이크, 5단 기어, 높은 핸들 바, 강렬한 색상, 레이스 카에서 영감을 받은 근사한 변속 레버까지, 스팅 레이 크레이트는 멋진 자전거예요. 출시되고 6개월 동안 4만5천 대 이상 팔렸답니다!

🇩🇪 **KS 사이클링 SNW 2458, 2018년**
KS Cycling SNW 2458

눈 위를 달리고 싶은가요? 이 자전거를 추천합니다! 노면에 그립력을 확보하기에 유리한 두툼한 벌룬 타이어를 장착했어요. 1980년대에 북미에서 탄생한 스노우 자전거는 2010년부터 그 인기가 폭발적으로 증가하고 있지요.

🇺🇸 **몽구스 BMX L80, 2019년**
Mongoose BMX L80

여러분은 경주파인가요, 프리스타일파인가요? BMX(BMX는 Bicycle Motocross의 약자)는 고난도 기술과 곡예적인 요소가 볼거리를 제공하는 익스트림 스포츠로, 2020년 도쿄올림픽에서 정식 종목으로 채택되었어요.

벨로솔렉스 S3800

🇫🇷 **벨로솔렉스 S3800, 1966년**
VéloSoleX S3800

엔진의 힘이 더해진 모페드로, 최고 속력이 시속 30킬로미터로
제한되는 대신 프랑스에서는 14세부터 면허 없이 운전할 수 있어요!
손잡이만 내리면 엔진이 앞바퀴와 닿으면서 시동이 걸려요.
가볍고 소박하지만, 경제적이어서 1960년대 고등학생, 대학생
그리고 노동자들 사이에서 인기가 매우 높았어요.

특이한 자전거

🇫🇷 트립업 로잘리, 2010년
TripUp Rosalie

🇺🇸 톰 라본티 톨 바이크, 2013년
Tom LaBonty Tall Bike

🇩🇪 럭서스 모노사이클 Qu-Ax, 2019년
Luxus Monocycle Qu-Ax

🇺🇸 쉴러 워터 바이크, 2018년
Schiller Water Bike

물 위를 달리는 수상 자전거예요.

🇳🇱 아조르 온더워터 탠덤, 2018년
Azor Onderwater Tandem

예두 오프로드 킥보드, 2018년
Yedoo Trotinette tout-terrain

버디 바이크 소셔블, 2005년
Buddy Bike Le Sociable

바체타 지로 A26, 2018년
Bacchetta Giro A26

모셰 벨로카, 1931년
Mochet Vélocar

WAW 벨로모빌, 2016년
WAW Vélomobile

25

현재의 최신형 자전거와 미래의 자전거

🇫🇷 유바 바이크 화물 자전거, 2016년
Yuba Bikes Vélo-cargo

🇮🇳 루시드 디자인 키트 바이크, 2014년
Lucid Design Kit Bike

🇳🇱 로피피트 로드러너, 2015년
Lopifit Roadrunner

🇮🇹 파올로 데 쥬스티 XXXVI DG 콘셉트 바이크, 2015년
Paolo De Giusti XXXVI DG Concept Bike

🇬🇧 우든 위젯의 나무 자전거 후피, 2016년
Wooden Widget Hoopy Wooden Bicycle

베스파 일렉트리카

🇮🇹 피아지오 베스파 일렉트리카, 2019년
Piaggio Vespa Elettrica

말벌이라는 이름의 베스파는 1946년에 개발된 최초의 스쿠터예요. 피아지오는 제2차 세계 대전 때 비행기를 만들었어요. 전쟁이 끝나고 평화가 찾아오자 남녀노소 누구나 탈 수 있는, 그리고 운전하기 편하면서도 옷을 더럽히지 않는 탈것을 연구했어요. 그렇게 베스파가 탄생했답니다. 2019년에 선보인 베스파 일렉트리카는 엔진 대신 전기 모터를 이용해 70년이 넘는 베스파의 역사를 이어가고 있어요.

스쿠터

🇮🇹 피아지오 베스파, 1946년
Piaggio Vespa

🇩🇪 마이코 마이코 모빌, 1952년
Maico Maico Mobil

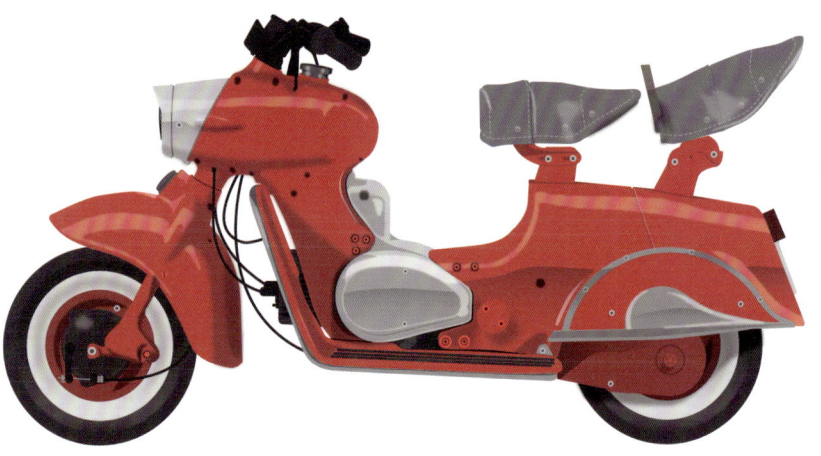
🇮🇹 루미 포르미키노, 1954년
Rumi Formichino

🇯🇵 혼다 슈퍼 커브, 1958년
Honda Super Cub

🇩🇪 BMW C1, 2000년
BMW C1

🇮🇹 피아지오 MP3 LT300, 2018년
Piaggio MP3 LT300

소형 모터바이크와 경량 모터바이크

🇫🇷 모토베칸 AV88, 1964년
Motobécane AV88

🇮🇹 피아지오 차오, 1967년
Piaggio Ciao

🇯🇵 혼다 닥스, 1969년
Honda Dax

🇯🇵 야마하 TY 50, 1977년
Yamaha TY 50

🇫🇷 푸조 103 SP2, 1986년
Peugeot 103 SP2

🇯🇵 스즈키 반 반 125, 2007년
Suzuki Van Van 125

상업용 이륜차와 삼륜차

BMW R71 소방용 사이드카, 1930년
BMW R71 Side-car des pompiers

피아지오 아페 칼레시노, 2013년
Piaggio Ape Calessino

요클러 화물 자전거, 2014년
Yokler Cyclo-cargo CG4

나드 도그 125, 2017년
Nard Motocrotte

릿 모터스 쿠보 화물 스쿠터, 2014년
Lit Motors Kubo Cargo Scooter

🇫🇷 리지에 스태비 펄스 3 우편용 이륜차, 2018년
Ligier Staby Pulse 3 La Poste

🇸🇪 사이클유럽 우편용 전기 자전거, 2018년
Cycleurope Vélo électrique La Poste

🇫🇷 생테티엔 카지노 삼륜 자전거, 1934년
Saint-Étienne Triporteur Casino

🇫🇷 트립업 자전거 택시 에그, 2018년
TripUp Vélo-taxi Egg

🇫🇷 트립업 복고풍 삼륜 자전거, 2018년
TripUp Triporteur rétro glaces

33

빈센트 블랙 섀도

🇬🇧 빈센트 블랙 섀도, 1950년
Vincent Black Shadow

이 모터바이크의 V형 2기통 엔진이 보이나요? 시트 밑으로 보이는 든든한 서스펜션은요? 빈센트 블랙 섀도는 가장 강력한 스포츠 투어러예요(배기량 1000CC). 그리고 1950년대의 가장 빠른 바이크였답니다.

모터바이크의 변천사

🇫🇷 **루이 기욤 페로의 증기 이륜차, 1868년**
Louis Guillaume Perreaux Vélocipède à vapeur

🇩🇪 **다임러 라이트바겐, 1885년**
Daimler Bicycle à moteur à pétrole

최초의 모터바이크로 꼽히는 다임러의
라이트바겐입니다.

🇩🇪 힐데브란트 & 볼프뮬러 페트롤렛, 1894년
Hildebrand & Wolfmüller Pétrolette

🇫🇷 레옹 코르도니에 모터사이클 익시온 엔진을 장착한 코멧, 1901년
Léon Cordonnier Motocyclette Komet à moteur Ixion

🇫🇷 펠릭스 테오도르 밀레 엔진 자전거, 1893년
Félix Théodore Millet Bicycle à moteur

뒷바퀴에 있는 오각형으로 배치된 튜브는 무엇인가요? 이것은 엔진의 실린더예요. 그리고 앞에 헤드라이트가 있고, 서스펜션과 회전식 스로틀 그립이 달려 있었어요. 요즘 모터바이크처럼요!

🇧🇪 FN의 4기통 엔진, 1906년
FN moteur 4 cylindres

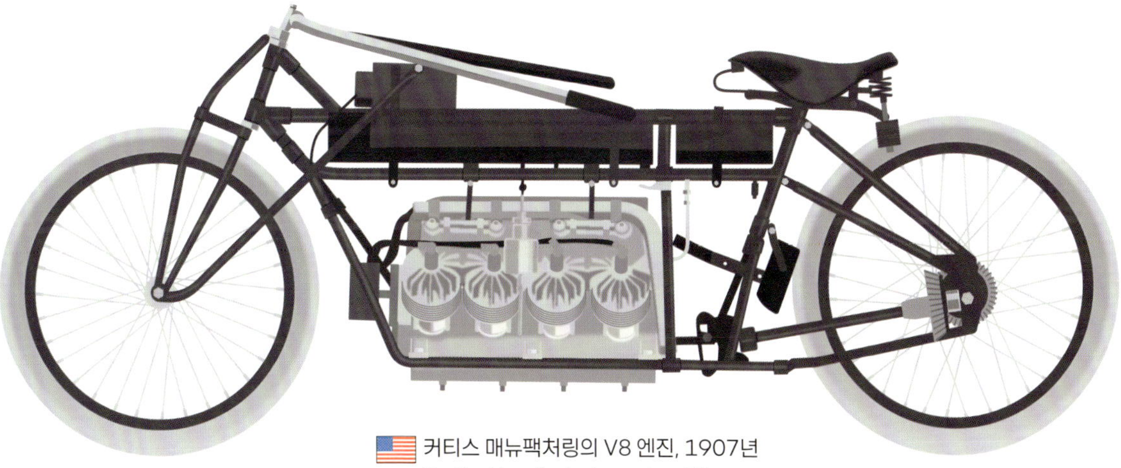

🇺🇸 커티스 매뉴팩처링의 V8 엔진, 1907년
Curtiss Manufacturing moteur V8

군용 및 경찰용 모터바이크

🇺🇸 할리데이비슨 WLA, 1940년
Harley-Davidson WLA

🇬🇧 BSA M20 밀리터리, 1942년
BSA M20 Military

🇫🇷 테로 RGST, 1950년
Terrot RGST

🇬🇧 벨로세트 마크2 LE, 1951년
Velocette Mark 2 LE

🇪🇸 상글라스 400F 폴리스, 1976년
Sanglas 400F police

🇫🇷 푸조 SX8, 1978년
Peugeot SX8

혼다 CB750 포

🇯🇵 혼다 CB750 포, 1969년
Honda CB750 Four

오토바이를 현대화시키고 일본 오토바이의 강력함을 온 유럽에 알리게 해 준 모델이에요. 강력한 엔진으로 시속 200킬로미터를 넘기는 최고 속도를 냈으며, 유압식 디스크 브레이크를 장착한 첨단 바이크였어요. 이 바이크를 계기로 슈퍼바이크라는 말이 쓰이기 시작했답니다.

도로용 모터바이크

🇬🇧 브라우 슈페리어 SS100, 1932년
Brough Superior SS100

🇺🇸 인디언 모터사이클 인디언 치프, 1940년
Indian Motorcycle Company Indian Chief

🇯🇵 혼다 CB77, 1961년
Honda CB77

🇮🇹 MV 아구스타 750, 1976년
MV Agusta 750

🇮🇹 베넬리 750 세이, 1975년
Benelli 750 Sei

🇩🇪 BMW K1, 1990년
BMW K1

🇯🇵 혼다 골드윙 1800, 2018년
Honda Goldwing 1800

🇬🇧 트라이엄프 본네빌 T100, 2019년
Triumph Bonneville T100

가장 유명한 영국 모터바이크 중에 하나인 '보니'예요. 본네빌이라는 이름은 1958년에 미국 유타주에 있는 본네빌 소금 사막에서 트라이엄프 스트림 라이너로 시속 342킬로미터의 기록을 낸 것을 기념해 붙여진 이름이에요. 그리고 현재까지 그 인기가 이어지고 있답니다.

경주용 모터바이크

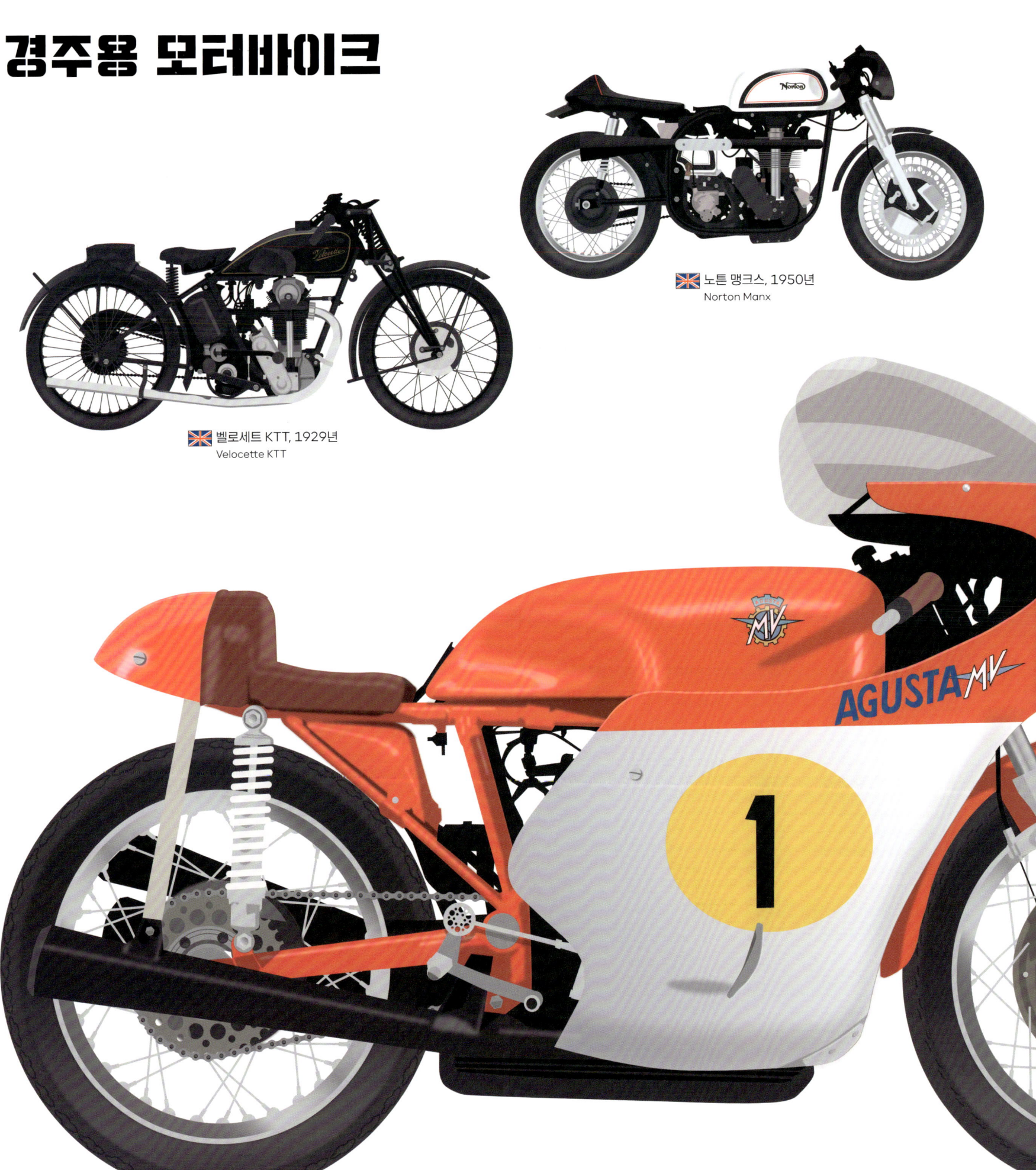

🇬🇧 벨로세트 KTT, 1929년
Velocette KTT

🇬🇧 노튼 맹크스, 1950년
Norton Manx

🇮🇹 모토 굿찌 V8, 1955년
Moto Guzzi V8

🇬🇧 BSA 골드 스타, 1960년
BSA Gold Star

🇮🇹 MV 아구스타 R500, 1968년
MV Agusta R500

부릉! 이 오토바이는 1970년대에 350CC급과 500CC급에서 여러 차례 스피드 세계 챔피언이 되었어요. 이 머신의 라이더인 쟈코모 아고스티니는 1966년부터 1975년 사이에 15개의 세계 챔피언십 타이틀을 획득한 전설적인 라이더로 현재까지도 그 기록이 깨지지 않고 있어요.

🇯🇵 혼다 RC166, 1968년
Honda RC166

🇯🇵 혼다 RC213V, 2017년
Honda RC213V

두카티 996

🇮🇹 **두카티 996, 2000년**
Ducati 996

시속 270킬로미터, 이것은 천둥소리를 내며 달리는 빨간 이탈리아 슈퍼바이크의 최고 속력이에요! 초경량 차체에 높은 출력의 엔진과 높은 안장에 낮은 핸들 바로, 바싹 엎드려 달리는 두카티 996은 라이더에게 짜릿한 감각을 선사해 줘요.

듀얼퍼포스 바이크(어드벤처 바이크)

🇩🇪 BMW R80 G/S, 1980년
BMW R80 G/S

BMW의 첫 어드벤처 바이크로 G/S라는 이름은 오프로드와 온로드를 의미하는 독일어 머리글자를 딴 것이에요. 프랑스 라이더 위베르 오리올이 1981년 파리-다카르 경주에서 이 바이크를 타고 우승하면서 사막에서 열리는 랠리 경기의 인기가 높아지게 되었지요.

🇮🇹 두카티 멀티스트라다 엔듀로, 2018년
Ducati MTS Enduro Pro

두카티 슈퍼바이크 엔진을 물려받은 이 바이크는 어드벤처 바이크 중 가장 강력한 파워를 자랑해요! 30리터나 되는 거대한 연료 탱크에 최첨단 전자 장비들을 갖추고 있으며, 그중에서도 노면에 따라 자동으로 조절되는 서스펜션은 이 거대한 바이크가 오프로드에서 신나게 달릴 수 있게 해 준답니다.

🇯🇵 혼다 CRF1000L 아프리카 트윈, 2017년
Honda Africa Twin CRF 1000 L

혼다 아프리카 트윈은 80년대에 다카르 랠리에서 4회 우승으로 성능을 입증하며 도로에서 인기를 꽃피웠지요. 2016년에 완전히 새롭게 바뀐 새로운 아프리카 트윈이 등장했고, 오프로드에 최적화된 듀얼 클러치 자동 변속기를 탑재한 DCT모델과 일반적인 수동 기어를 탑재한 MT모델을 선보였어요.

🇬🇧 트라이엄프 타이거 800 XCX, 2015년
Triumph Tiger 800 XCX

영국의 트라이엄프 타이거는 BMW가 독식하고 있던 어드벤처 바이크 시장에서 확실하게 자신의 입지를 넓힌 모델이에요.

🇦🇹 KTM 950 어드벤처, 2003년
KTM Adventure 950 S

KTM은 2001년부터 2019년까지 다카르 랠리에서 18회 연속 우승한 랠리 명가이며, 이 바이크는 랠리 머신을 그대로 복제한 어드벤처 바이크예요. 높은 차체에 강력한 엔진을 장착하고, 두 개의 연료 탱크를 장착해서 하나가 깨져도 달릴 수 있어요.

야마하 XT 500

🇯🇵 **야마하 XT 500, 1982년**
Yamaha XT 500

야마하는 이 모터바이크로 1979년과 1980년 파리-다카르 랠리를 2회 연속으로 우승했어요. 가볍고 운전하기가 매우 쉬워서 누구나 즐겁게 오프로드를 즐길 수 있는 모델이에요.

오프로드 트랙 경기용 모터바이크

🇺🇸 할리데이비슨 XR 750 플랫 트랙 레이서, 1970년
Harley-Davidson XR 750 Dirt Track

모터바이크가 흙 위에서 브레이크도 없고 요철이 박힌 타이어도 없이 시속 180킬로미터로 질주한다고요? 바로 플랫 트랙 레이스입니다. 할리데이비슨 XR 750은 이 경기에 맞춰 제작된 바이크로 강력한 V트윈 엔진에 낮은 무게 중심으로 멋지게 흙을 날리며 트랙을 돌아간답니다. 자, 미끄러질 준비가 되었나요?

🇨🇿 자와 아이스 레이스 500, 1967년
Jawa Ice Race 500

얼음 위에 만들어진 타원형 트랙에서 진행되는 아이스 레이스용 바이크입니다. 뾰족한 스파이크 타이어를 장착해서 얼음 위를 묘기 부리듯 기울여 돌아갑니다. 튼튼한 크롬 몰리브덴 강철 프레임에 니트로메탄으로 작동하는 엔진을 얹었어요. 2단 변속기는, 1단은 출발용이고 2단이 경주용입니다.

🇨🇿 웨스레이크 그래스 트랙, 1977년
Weslake Grass Track

그렇다면 풀밭 트랙은 어떤가요? 포근한 풀밭 위를 달리지만 빠른 속도에 몸싸움도 치열한 박진감 넘치는 경기예요. 간결한 프레임에 아주 낮은 무게 중심으로 직선에서는 시속 160킬로미터 이상으로 달리고, 코너에서는 시속 120킬로미터의 속도에서 뒷바퀴를 미끄러뜨려 게걸음 치듯 옆으로 돌아나가는 모습이 멋지답니다.

🇯🇵 **스즈키 RH 72, 1972년**
Suzuki RH 72

1970년부터 1973년까지 세계 모토크로스 챔피언십에서 우승한 당시의 최첨단 고성능 스즈키 모토크로스 바이크예요. 이 앞선 성능에 대한 보안을 유지하기 위해 엔지니어들은 트랙을 벗어나면 곧바로 커버를 씌웠다고 해요.

 **KTM 350 SX, 2018년**
KTM 350 SX

KTM은 세계 모토크로스 챔피언의 브랜드예요! 민첩하고 강력한 KTM 350 SX는 모토크로스 MX1 클래스를 지배하고 있어요.

🇯🇵 **야마하 YZ 400, 1998년**
Yamaha YZ 400

야마하는 이 모델부터 배출 가스에 유해 물질 배출이 많은 2행정 엔진 대신 4행정 엔진으로 교체했어요.

🇬🇧 **릭맨 메티스 데저트 레이서, 1966년**
Rickman Metisse Desert Racer

이것은 스티브 맥퀸의 모터바이크예요! 1960년대와 1970년대를 주름잡은 영화배우 스티브 맥퀸은 사막에서 바이크를 타거나 경주하는 것을 매우 좋아했어요. '대 탈주(The Great Escape)'와 같이 자신이 출연하는 영화에 직접 스턴트 장면을 연기한 모터바이크 신을 넣기도 했어요.

트라이얼 바이크

🇬🇧 **로얄엔필드 불렛 350, 1950년**
Royal Enfield Bullet 350

로얄엔필드 불렛은 1931년부터 생산되었어요. 그리고 출시 3년 후 국제 식스데이 트라이얼 경기에서 우승을 차지했지요. 이 불렛 350은 현재까지도 클래식 350이라는 이름으로 이어지고 있어요.

🇪🇸 **몬테사 코타 300 RR 50주년 기념 리미티드 에디션, 2018년**
Montesa Cota 300 RR édition limitée 50 anniversaire

몬테사 코타를 소개합니다. 이것은 FIM 트라이얼 월드 챔피언십 챔피언 토니 보우의 머신이며 혼다의 엔진을 얹고 있어요. 그는 2007년부터 2020년까지 한 번도 빠짐없이 우승했어요! 요즘 트라이얼 바이크에는 안장이 없는데, 다양한 트라이얼 기술을 위해서 서 있는 자세로, 움직일 공간을 확보하기에 유리하기 때문이에요.

🇯🇵 **야마하 TY 541, 1976년**
Yamaha TY 541

트라이얼은 발을 땅에 대지 않고 자연적, 또는 인공적으로 만든 장애물들을 건너는 경기예요. 속도는 중요하지 않지만, 제한 시간 안에 완료해야 합니다. 야마하 TY는 간단한 구조에 저렴한 가격으로 트라이얼 종목을 대중화시켰어요. 덕분에 20년간 5만3천 대가 팔렸답니다.

🇪🇸 **몬테사 코타 349, 1980년**
Montesa Cota 349

가장 가파르고 험난한 오르막도 넘을 수 있는 무적의 몬테사 코타 349는 시중에서 가장 큰 엔진을 갖추었어요. 하지만 제동 장치를 조종하기 쉽지 않고 관성력이 있어서 강력한 힘으로 조종을 해야 해요. 따라서 곡예를 지향하는 종목의 동작에는 어울리지 않지요.

🇮🇹 **팬틱 301, 1985년**
Fantic 301

팬틱 301은 안정적인 차체에 조작하기 쉬운 엔진을 얹었어요. 덕분에 프랑스 선수인 티에리 미쇼는 1985년, 1986년 그리고 1988년 트라이얼 월드 챔피온십에서 3번 우승했어요!

🇺🇸 **할리데이비슨 울트라 리미티드, 2019년**
Harley-Davidson Ultra Limited Low

할리데이비슨 울트라 리미티드는 장거리를 가장 편안하게 달릴 수 있는 대륙 횡단 투어러예요. 개발 단계부터 수천 킬로미터를 넘게 달리는 것을 염두에 두고, 소파처럼 편안한 시트와 넉넉한 힘을 내는 엔진, 그리고 짐을 수납할 수 있는 전용 가방을 장착하고 있어요. 전면에는 배트윙이라고 부르는 큼직한 방패 형태의 페어링이 장착되어 바람을 막아 준답니다.

특이한 오토바이

🇩🇪 도이치메골라 스포트모델, 1921년
Deutsche-Megola-Werke Megola

🇺🇸 할리데이비슨 하이드라 글라이드 팬헤드, 1969년
Harley-Davidson Hydra Glide Panhead

영화 '이지 라이더'에서 캡틴 아메리카로 등장한 차퍼예요.

🇩🇪 킬링거 & 프로인트 모토라드, 1938년
Killinger & Freund Motorrad

🇬🇧 말콤 뉴웰 & 켄 리먼 퀘이서, 1975년
Malcolm Newell & Ken Leaman Quasar

🇯🇵 혼다 NRX1800 발키리 룬, 2004년
Honda NRX1800 Rune

🇺🇸 컨페더레이트 모터사이클 R131 파이터, 2013년
Confederate Motorcycles R131 Fighter

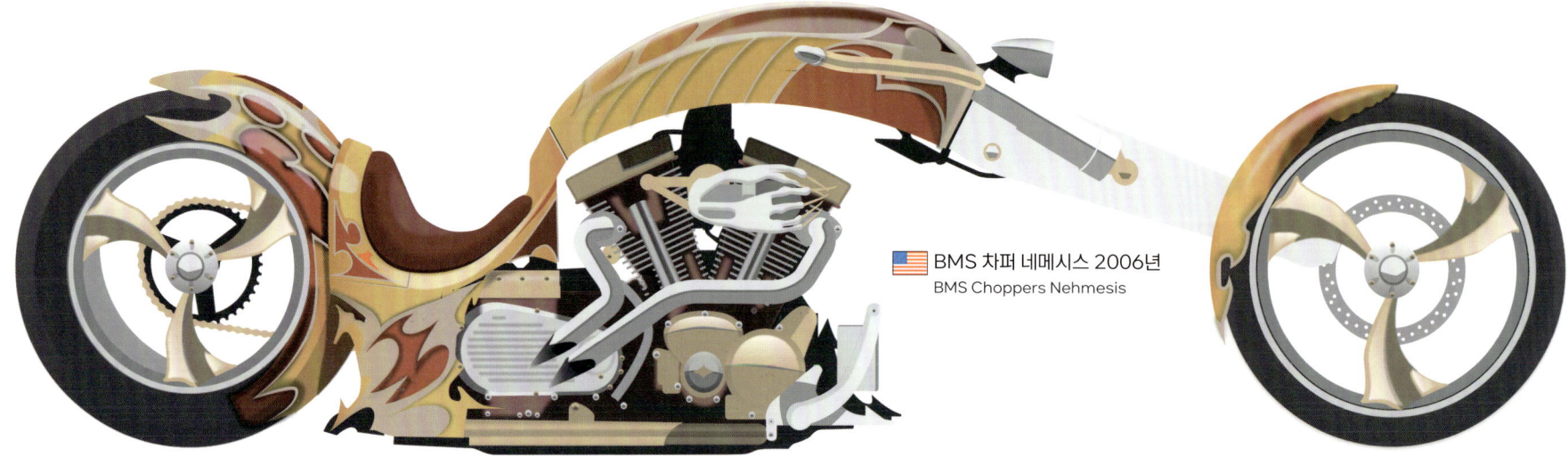

🇺🇸 BMS 차퍼 네메시스 2006년
BMS Choppers Nehmesis

미래의 오토바이

🇯🇵 야마하 테서렉트 콘셉트 2007년
Yamaha Tesseract

🇯🇵 혼다 V4 콘셉트, 2008년
Honda V4 Concept

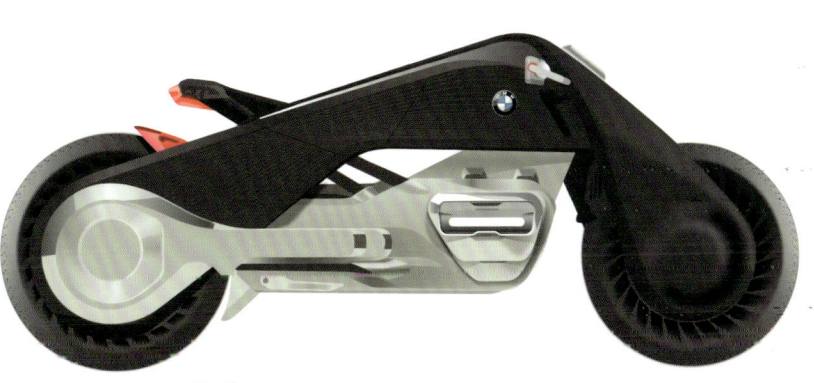

🇩🇪 BMW 모토라드 비전 넥스트 100, 2016년
BMW Motorrad Vision Next 100

🇫🇷 샤이니 해머 호프, 2017년
Shiny Hammer Hope

🇯🇵 가와사키 콘셉트 J 쓰리 휠러, 2013년
Kawasaki Concept J Three-Wheeler

찾아보기

ㄱ
가와사키 콘셉트 J 쓰리 휠러 59
그리폰 자전거 14

ㄴ
나드 도그 125 32
노튼 맹크스 44

ㄷ
다임러 라이트바겐 36
데카트론 B 트윈 VTC 13
도이치메골라 스포트모델 58
두카티 멀티스트라다 엔듀로 48
두카티 996 46
듀라텍 탠덤 패럴림픽 19
딩3000 콘셉트 1865 27

ㄹ
라우프머신(보행 자전거) 8
라 프랑세즈 벨로(투르 드 프랑스) 18
럭서스 모노사이클 Qu-Ax 24
레옹 코르도니에 모터사이클 코멧
(익시온 엔진 장착) 37
레이볼트 크루저 15
로버 세이프티 9
로얄엔필드 불렛 350 54
로피피트 로드러너 26
루미 포르미키노 30
루시드 디자인 키트 바이크 26
루이 기욤 페로의 증기 이륜차 36
리지에 스태비 펄스 3 우편용 이륜차 33
릭맨 메티스 데저트 레이서 53
릿 모터스 쿠보 화물 스쿠터 32

ㅁ
마이코 마이코 모빌 30
말콤 뉴웰 & 켄 리먼 퀘이서 58
메타폭스 폭스라이더 트라이시클 12
모마 바이크 밸런스 바이크 우디 클래식 . . . 12
모셰 벨로카 25
모토 구찌 V8 45
모토베칸 12
모토베칸 AV88 31
몬테사 코타 300 RR 50주년 기념
리미티드 에디션 54
몬테사 코타 349 55
몽구스 BMX L80 21

ㅂ
바보 벨로-카고 시티 E 13
바이두 두바이크 스마트바이크 27
바체타 지로 A26 25
버디 바이크 소셔블 25
베넬리 750 세이 42
벨로세트 마크2 LE 38
벨로세트 KTT 44
벨로솔렉스 S3800 22
벨로시페드(피에르와 에르네스트 미쇼) 9
벨리브(공공 대여 자전거) 12
브라우 슈페리어 SS100 42
브롬톤 접이식 자전거 12
비시클레트(해리 존 로손) 9
빈센트 블랙 섀도 34
빌레 & 스트로 르 파실 10

ㅅ
사이클유럽 우편용 전기 자전거 33
산타크루즈 다운힐 20
상글라스 400F 폴리스 38
생테티엔 카지노 삼륜 자전거 33
샤이니 해머 호프 59
서머셋 접이식 자전거 27
세이프티 바이시클 11
셸비 히아와타 애로우 14
쉴러 워터 바이크(수상 자전거) 24
슈윈 스팅 레이 크레이트 20
슈윈 크루저 20
스즈키 반 반 125 31
스즈키 RH72 53
스타웨이 르벨로 파실 빌 13
시클릭 뱀부 15

ㅇ
아비옹 코드롱 마르셀 리파르 벨로딘 18
아조르 온더워터 탠덤 24
암스테르담 에어 1881 클래식 13
야마하 테서렉트 59
야마하 TY 50 31
야마하 TY 541 55
야마하 XT 500 50

야마하 XTZ 660 테네레 39	트립업 자전거 택시 에그 33	혼다 CB750 포 40
야마하 YZ 400. 53		혼다 CRF1000L 아프리카 트윈 49
에릭 바론의 MTB 19	**ㅍ**	혼다 NRX1800 발키리 룬 58
에티엔 뷔노-바히야 라 토피유 18	파실 10	혼다 RC166 45
예두 오프로드 킥보드 25	파올로 데 쥬스티 XXXVI DG 콘셉트 바이크. 26	혼다 RC213V 45
요클러 화물 자전거 32	팬틱 301 55	혼다 V4 콘셉트 59
웨스레이크 그래스 트랙 52	페니 파딩 10	후피(우든 위젯의 나무 자전거) 26
유바 바이크 화물 자전거 26	펠릭스 테오도르 밀레 엔진 자전거 37	휠러 월드와이드 하프휠러 12
인디언 모터사이클 인디언 치프 42	푸조 14	힐데브란트 & 볼프뮬러 페트홀렛 37
일렉트라 비치 크루저 15	푸조 eF01 접이식 전기 자전거 27	
	푸조 SX8 38	**알파벳**
ㅈ	푸조 103 SP2 31	
자와 아이스 레이스 500 52	프로젝트 스피드 벨로	BFG 1300 39
	(데니스 뮐러 코넥을 위한 자전거) 19	BLB 픽시 시티 클래식 13
ㅋ	피아지오 베스파 30	BMS 차퍼 네메시스 58
카드르 비투스(쟈니 롱고를 위해 특수 제작). . . 18	피아지오 베스파 일렉트리카 29	BMW 모토라드 비전 넥스트 100 59
커크패트릭 맥밀런(최초의 페달 자전거) . . . 8	피아지오 아페 칼레시노 32	BMW C1 30
커티스 매뉴팩처링의 V8 엔진 37	피아지오 차오 31	BMW K1 43
컨페더레이트 모터사이클 R131 파이터 . . 58	피아지오 MP3 LT300 30	BMW R71 소방용 사이드카 32
코스텔로 에어로머신 모노코크 19		BMW R80 G/S 48
콜리브리(투르 드 프랑스의 슈퍼 챔피언) . . 18	**ㅎ**	BMW R 1100 RT 폴리스 39
킬링거 & 프로인트 모토라드 58	할리데이비슨 울드라 리미티드 56	BSA 골드 스타 45
	힐리데이비슨 일렉트라 글라이드 폴리스 . . . 39	BSA M20 밀리터리 38
ㅌ	할리데이비슨 하이드라 글라이드 팬헤드 . . . 58	FN 4기통 엔진 37
테로 RGST 38	할리데이비슨 WLA 38	KS 사이클링 SNW 2458 21
톰 라본티 톨 바이크 24	할리데이비슨 XR 750 플랫 트랙 레이서 . . 52	KTM 350 SX 53
트라이엄프 본네빌 T100 43	혼다 골드윙 1800 43	KTM 950 어드벤처 49
트라이엄프 타이거 800 XCX 49	혼다 닥스 31	MV 아구스타 R500 45
트립업 로잘리 24	혼다 슈퍼 커브 30	MV 아구스타 750 42
트립업 복고풍 삼륜 자전거 33	혼다 CB77 42	MX3D 아크 자전거 27
		WAW 벨로모빌 25

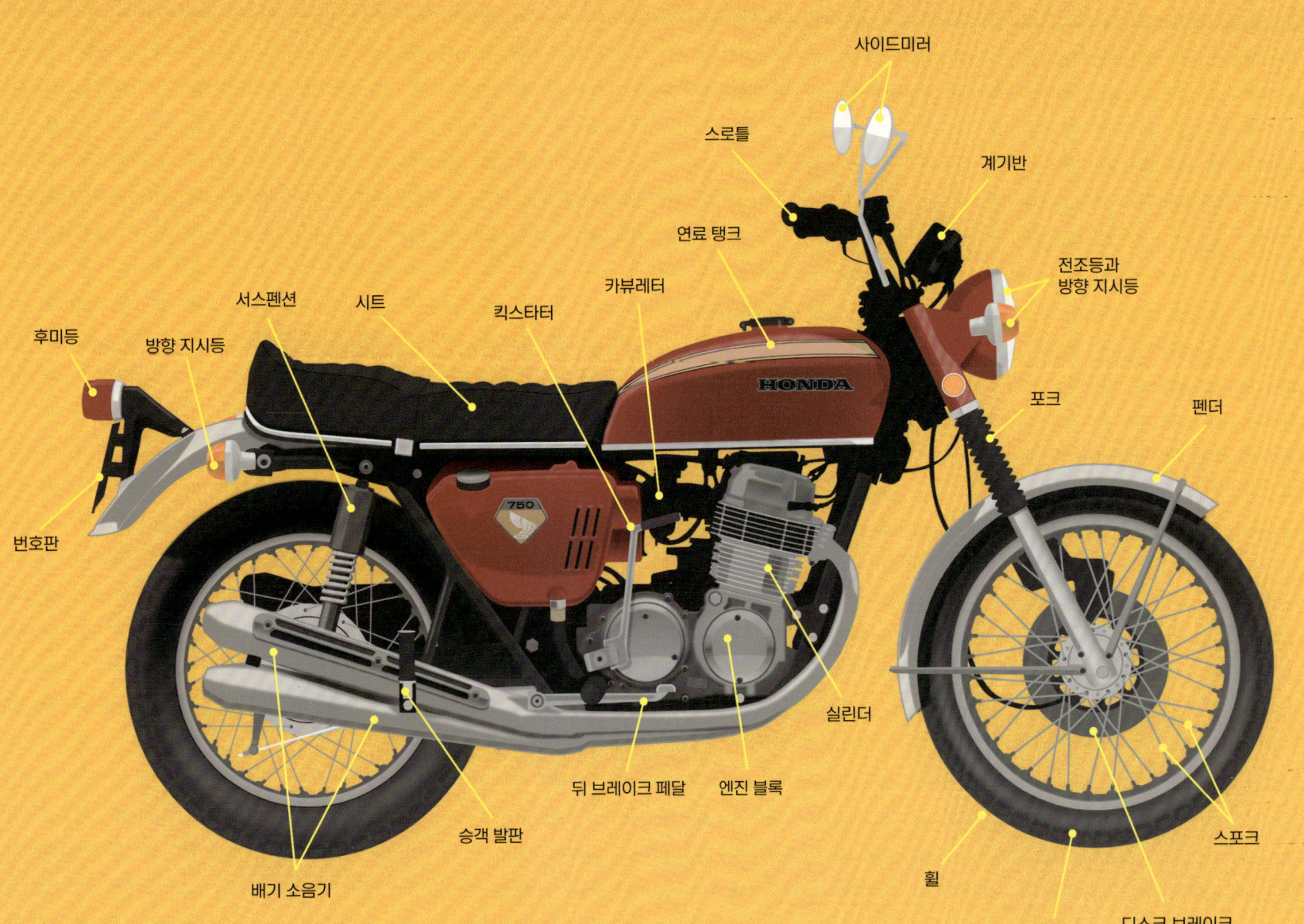